AF562109

[...]tout le Sacré Cœur de Jésus!
Jours d'ind. PIE IX.

RECUEIL DE CANTIQUES

EN L'HONNEUR DE

NOTRE-DAME DU SACRÉ-CŒUR

AVEC L'APPROBATION

DE Mgr L'ARCHEVÊQUE DE BOURGES

PAR J. CHEVALIER, MISSIONNAIRE DU S.-C.

7e ÉDITION REVUE ET CORRIGÉE

1 vol. in-18. — Prix (*franco*) : les paroles seules, 40 c.; avec la musique, 80 c.

A. M. S. C. J. G.

PROPRIÉTÉ

AU PÈLERINAGE DE N.-D. DU S.-C.
A ISSOUDUN (INDRE).

Juin 1875

Aimé soit partout le Sacré Cœur de Jésus !
(100 Jours d'ind. Pie IX.)

RECUEIL DE CANTIQUES

EN L'HONNEUR DE

NOTRE-DAME DU SACRÉ-CŒUR

AVEC L'APPROBATION

DE Mgr L'ARCHEVÊQUE DE BOURGES

PAR J. CHEVALIER, MISSIONNAIRE DU S.-C.

7e ÉDITION REVUE ET CORRIGÉE

1 vol. in-18. — Prix (*franco*) : les paroles seules, 40 c.; avec la musique, 80 c.

A. M. S. C. J. G.

PROPRIÉTÉ

AU PÈLERINAGE DE N.-D. DU S.-C.
A ISSOUDUN (INDRE).

Juin 1875

VU ET APPROUVÉ

† C.-A., *Archev. de Bourges*

J. M. J.

Aimé soit partout le Sacré Cœur de Jésus!

(100 Jours d'ind. Pie IX.)

Personne n'ignore le prodigieux développement de la dévotion à Notre-Dame du Sacré-Cœur. Ce titre béni donné à Marie se trouve aujourd'hui sur toutes les lèvres et vit dans tous les cœurs: le monde entier le recueille comme un trésor descendu du Ciel, le fait remonter vers Dieu comme le cri d'une prière toute-puissante; chacun trouve en lui toute une espérance, tout un avenir, et proclame avec foi que Marie est la trésorière, la dispensatrice officielle de toutes les grâces renfermées dans le Cœur sacré de Jésus.

Tous les fidèles comprennent que l'auguste Vierge, quelque sainte qu'elle soit n'a par elle-même aucune puissance sur Dieu ; son pouvoir sur le Cœur de Jésus, n'est qu'un pouvoir *d'intercession;* et si sa prière obtient tout ce qu'elle veut, elle le doit uniquement à la bonté de son divin Fils. Pour honorer et glorifier sa très-sainte Mère, Notre-Seigneur l'a rendue toute-puissante nous dit Saint-Bernard : *ab omnipotente Filio omnipotens Mater facta est.* Aussi ce grand docteur s'écrie : « Qui est plus digne que Vous, ô Marie, de parler pour nous au Cœur de Notre-Seigneur Jésus-Christ, votre Fils? » *Quis tam idoneus quam tu, felix Maria, ut loquatur pro nobis ad cor Filii tui D.-N.-J.-C.?*

Le nom de NOTRE-DAME DU SACRÉ-COEUR ainsi compris, avait délicieusement surpris les fidèles ; l'Épiscopat français l'environna d'une auréole de gloire (1), en expliqua la profonde justesse ; PIE IX

(1) Plus de 400 Evêques ont approuvé le titre de Notre-Dame du Sacré-Cœur.

notre vénéré Pontife, ouvrit pour le bénir les trésors de l'Église; et l'Association naissante de NOTRE-DAME DU SACRÉ-COEUR fut enrichie de précieuses indulgences. Depuis lors, cette petite étincelle, échappée du vrai foyer de l'amour, s'est changée en un vaste incendie; le souffle de Dieu le répand dans tout l'univers avec une étonnante rapidité; les conversions les plus *inattendues*, les faveurs les plus *signalées*, les évènements les plus *extraordinaires* en sont l'heureux résultat. Dans le court espace de onze ans, plus de cent cinquante mille lettres d'actions de grâces, venues de l'intérieur de notre chère Patrie comme des contrées les plus lointaines, ont témoigné hautement de la puissance de NOTRE-DAME DU SACRÉ-COEUR. Son Association, établie pour le succès des causes *difficiles* et *désespérées*, compte à peine onze ans d'existence, et déjà plus de treize millions de noms sont inscrits sur ses registres. En vérité le doigt de Dieu est là : *Digitus Dei est hic.*

Assez longtemps nous avons gardé le secret de tant de merveilles ; assez longtemps nous sommes restés muets d'admiration devant ces prodiges de la grâce; mais, pensant qu'un silence plus prolongé serait de l'ingratitude envers notre divine Mère nous avons fondé les *Annales de Notre-Dame du Sacré-Cœur* (1). Cette publication porte chaque mois à la connaissance de nos chers et nombreux Abonnés, toutes les merveilles qui s'opèrent par l'entremise de notre Mère.

Il faut l'avouer, le nom mille fois chéri de Notre-Dame du Sacré-Cœur possède un charme particulier; on aime à l'invoquer; on est heureux de publier sa gloire, d'exalter sa puissance....

Partout déjà, dans les familles comme dans les pensionnats, dans les chapelles de communautés comme dans les églises paroissiales, ont lieu des réunions en l'honneur de Notre-Dame du Sacré-Cœur. Mais chacun y remarquait une lacune regrettable: c'était l'absence de chants à Marie, *invoquée sous son nouveau titre*. Bien des vœux nous

(1) L'abonnement est de deux francs par an. S'adresser aux Missionnaires du Sacré-Cœur, à Issoudun (Indre).

furent adressés pour combler cette lacune. Manquant de loisirs et sentant surtout notre faiblesse, nous hésitions toujours. Enfin, pressés par des supplications si souvent manifestées, et encouragés par l'accueil sympathique que le public avait fait à nos cantiques en l'honneur du Sacré-Cœur (1), nous nous sommes mis à l'œuvre, nous reposant, d'un côté, sur la protection de Notre-Dame du Sacré-Cœur, et, de l'autre, sur la bienveillance de ses enfants. C'est ce modeste travail que nous offrons aujourd'hui à nos chers Associés. Puisse-t-il atteindre le but que nous nous sommes proposé! Nous le déposons avec bonheur aux pieds de Notre-Dame du Sacré-Cœur, comme un gage de notre amour et de notre reconnaissance.

S'il nous était arrivé dans cet opuscule d'employer une phrase, de dire un mot qui fût en

(1) Ce petit volume in-18 est arrivé, en quelques années, à la 35e édition. — Les paroles seules, 40 cent. avec la musique 1 franc. — Au pèlerinage de Notre-Dame du Sacré-Cœur à Issoudun (Indre).

opposition avec la doctrine de la sainte Église, nous le désavouons formellement ; car nous avons toujours soumis, sans réserve aucune, notre personne et nos écrits au jugement infaillible du Saint-Siége apostolique.

J. C.,
Miss. du Sacré Cœur.

N.-B. — Ce recueil renferme quelques poésies en l'honneur de Notre-Dame du Sacré-Cœur, que plusieurs de nos Associés ont daigné nous envoyer. Nous leur en témoignons ici toute notre gratitude.

A. M. S. C. J. G.

MISSION

DE CE SAINT RECUEIL.

Résonnez, doux cantiques;
Que vos accords pieux,
Vibrant sous nos portiques,
S'élèvent jusqu'aux Cieux.
Redites à la terre
Un nom plein de douceur
Que porte notre Mère.
Vierge du Sacré Cœur.

1

Ta mission est noble et belle,
Petit recueil harmonieux;
Tu portes la bonne nouvelle
D'un Nom puissant et glorieux.
Volez partout, feuilles bénies!
Partout, redites la faveur
Que prodigue aux âmes ravies
Notre-Dame du Sacré-Cœur.

2.

Annoncez que la Providence
Nous réserve des jours meilleurs
Et faites briller l espérance
Aux regards voilés par les pleurs,

A celui que la maladie
Retient sur un lit de douleur,
Rendez le courage s'il prie
Notre-Dame du Sacré-Cœur.

3

A celui que la mort cruelle
Désigne d'un doigt menaçant,
Parlez des miracles de Celle
Qui règne auprès du Tout-Puissant.
A l'orphelin qui sur la terre
Ne connaît plus que le malheur,
Allez dire qu'il a pour Mère
Notre-Dame du Sacré-Cœur.

4.

Allez donc, messager fidèle,
Traversez le monde en chantant ;
Rendez la paix au cœur rebelle ;
Séchez les larmes de l'enfant.
Qu'à votre voix le pauvre oublie
Sa peine et son rude labeur;
Qu'à vos accents le pécheur prie
Notre-Dame du Sacré-Cœur.

5.

Que les nations endormies
S'éveillent à vos sons pieux,
Et que vos saintes mélodies
Aient un écho sous tous les cieux;
Afin qu'au jour de la justice
Toute âme invoque avec bonheur
Le doux Nom de sa protectrice :
Notre-Dame du Sacré-Cœur.

CANTIQUES

A

NOTRE-DAME DU SACRÉ-CŒUR.

N° 1.

Espérons contre toute espérance!

1.

Le voici donc trouvé, ce Nom plein de mystère,
Ce Nom que tant de fois a cherché ma douleur;
Ce Nom venu du Ciel pour consoler la terre,
Ce Nom qui dit tant à mon cœur!
Quand je l'ai prononcé, je sens que ma misère
A trouvé dans Marie un secours assuré,
Un invincible espoir s'unit à ma prière
Quand j'entends ce nom vénéré. (*bis.*)

REFRAIN.

Espérons désormais contre toute espérance,
Attendons du Très-Haut un regard protecteur ;
Car l'Eglise a donné pour patronne à la France
Notre-Dame du Sacré-Cœur !

2.

Ce nom puissant et doux marque un pouvoir suprême,
Il suscite un remords au pécheur endurci,
Il parle à l'incrédule, et le doute lui-même
Par sa lumière est éclairci.
Je trouve dans ce nom la clef mystérieuse
Qui m'ouvre de Jésus le Cœur, foyer d'amour,
Dans ce trésor divin mon âme ambitieuse
Pourra donc puiser chaque jour !

3.

Que nos accents pieux, en dépit des orages,
Par delà l'Océan portant ce nom béni,
Le livrent aux échos de ces lointains rivages,
D'où l'amour divin est banni !
Ce Nom, partout vainqueur, traversera le monde ;
Déjà chez l'Indien on l'invoque à genoux !
La vérité paraît et la lumière abonde
Où pénètre ce Nom si doux !...

Refrain du 3e couplet.

Espérez, vous aussi, contre toute espérance,
Peuples qui gémissez dans la nuit de l'erreur,
Puisque vous implorez comme aux rives de France,
Notre-Dame du Sacré-Cœur.

N° 2.

Un Nouveau Nom.

Air : *Écoutez bien.*

REFRAIN.

Écoutez tous (*ter.*)
Un nom plein de mystère,
Écoutez tous (*ter.*)
Un nouveau nom qu'on donne à notre Mère.
Oh ! qu'il est grand ! que ses charmes sont doux !
Écoutez-le... qu'on le révère,
Avec amour, avec bonheur,
Voici ce nom, déja cher a la terre :
Notre-Dame du Sacré-Cœur.

1.

De ce nom glorieux, où trouver l'origine ?
Dans un livre sacré qu'on vénère en tout lieu.
En l'ouvrant, nous voyons sur sa page divine,
Le pouvoir que Marie a sur le Cœur d'un Dieu.

2.

Ce mystère pour nous n'a rien qui nous étonne,
Quand on sait que Marie est Mère du Sauveur ;
Et puisqu'il lui donna tout droit sur sa personne,
Par elle nous aurons accès jusqu'a son Cœur.

3.

Terre ! réjouis-toi... tressaille d'allégresse !
Accueille avec bonheur ce nom mystérieux ;
C'est un nom tout-puissant, un nom plein de tendresse,
Il est cher aux pécheurs et doux aux malheureux.

4.

Au Ciel ce nom divin, sur le front de Marie,
Jette un nouvel éclat de gloire et de splendeur.
Invoquons-le souvent dans le cours de la vie,
Il apporte avec lui la paix et le bonheur

N° 3.

Le Souvenez-vous à N.-D. du S.-C.

REFRAIN.

Souvenez-vous, Vierge fidèle,
Qu'on a droit à votre faveur
Quand avec foi l'on vous appelle
Notre-Dame du Sacré-Cœur. (*bis*).

1.

Le Fils de l'Éternel, sur son Cœur adorable,
Vous donna, Vierge sainte, un pouvoir souverain.
Ouvrez-nous ce trésor... O bonheur ineffable!
Le Ciel sera pour nous (toujours pur et serein). (*bis*).

2.

J'entends Jésus vous dire : « O Marie, ô ma Mère!
Je ne puis refuser de vous ouvrir mon Cœur;
Vous en avez la clef depuis que, sur la terre,
Il fut de votre sang (formé pour le pécheur). (*bis*).

3.

Bien que transfiguré dans le Ciel, qui l'adore,
Ce Cœur reconnaissant ne peut vous oublier;
Tous vos droits d'autrefois il vous les donne encore,
Sans craindre un seul refus (vous pouvez le prier). (*bis*)

4.

Nous sommes malheureux, soyez-nous secourable,
Chaque jour nous portons le poids de la douleur,
O Marie, ouvrez-nous la source intarissable
Des trésors que Jésus (recèle dans son cœur). (*bis*)

N° 4.

Le Sub tuum à N.-D. du S.-C.

Air : *Vois à tes pieds, Vierge Marie.*

1.

Sous votre égide tutélaire,
Notre-Dame du Sacré-Cœur,
Je cherche un abri salutaire
Contre le monde séducteur.

REFRAIN.

Dans la souffrance et dans la peine,
Dans le péril à vous j'aurai recours;
Du haut du ciel, auguste Souveraine,
Vous viendrez à mon secours
Toujours, toujours, toujours (toujours, toujours) (*bis.*)

2.

L'Enfer contre moi se déchaîne,
Mais je ne crains pas sa fureur;
J'ai pour me soustraire à sa haine,
Notre-Dame du Sacré-Cœur.

3.

Des charmes séduisants du vice,
Je saurai préserver mon cœur;
J'ai pour puissante Protectrice
Notre-Dame du Sacré-Cœur.

4.

Partout le danger m'environne
Malgré tout je serai vainqueur,
Car ici-bas j'ai pour Patronne
Notre-Dame du Sacré-Cœur.

5.

Si jamais je deviens coupable,
Notre-Dame du Sacré-Cœur
Soyez-moi toujours favorable,
Et desarmez le Dieu vengeur.

N° 5

Les Messagers de Notre-Dame du S.-C.

Air : *Devant vous, Esprits angéliques.*

1.

Mon âme est aujourd'hui ravie.
Qui dira jamais son bonheur?
Elle Te proclame, ô Marie!
Notre-Dame du Sacré-Cœur. (*ter.*)

2.

Saints du Ciel, Esprits angéliques,
Reunissez-vous tous en chœur,
Et célébrez dans vos cantiques,
Notre-Dame du Sacré-Cœur. (*ter.*)

3.

Allez publier dans le monde,
Avec une céleste ardeur,
Qu'on nomme la Vierge féconde,
Notre-Dame du Sacré-Cœur. (*ter*).

4.

Allez annoncer la nouvelle,
A l'homme rebelle et pécheur,
Que son Avocate s'appelle
Notre-Dame du Sacré-Cœur. (*ter*).

5.

Si l'homme parfois dans la vie
Boit au calice du malheur,
Dites-lui qu'il invoque et prie,
Notre-Dame du Sacré-Cœur (*ter*)

6.

S'il veut avec persévérance,
Vivre et mourir dans la ferveur,
Qu'il implore avec confiance
Notre-Dame du Sacré-Cœur. (*ter*).

N° 6.

L'Origine du Nom de N.-D. du S.-C.

Air : *Chrétiens qui combattons, etc.*

1.

Quel est ce nouveau nom qu'on révèle à la terre ?
Oh ! qu'il est ravissant ! Qu'il est plein de douceur !

Combien je suis heureux, ô Marie ! ô ma Mère,
De pouvoir vous nommer *Vierge du Sacré-Cœur* !

REFRAIN.

Honorons dans ce sanctuaire
Notre-Dame du Sacré-Cœur ;
C'est un nom de prière,
D'amour et de grandeur. (*ter*).

2.

De ce nom glorieux où trouver l'origine ?
Dans un livre sacré qu'on vénère en tout lieu :
En l'ouvrant nous voyons sur sa page divine
Le pouvoir que Marie a sur le Cœur de Dieu.

3.

Ce mystère pour nous n'a rien qui nous étonne,
Quand on sait que Marie est Mère du Sauveur ;
Et puisqu'il lui donna tout droit sur sa personne,
Exaltons son pouvoir près de ce Divin Cœur.

4.

Terre, réjouis-toi tressaille d'allégresse,
Accueille avec bonheur ce nom mystérieux.
C'est un nom tout-puissant, un nom plein de tendresse.
Il est cher aux pécheurs et doux aux malheureux.

5.

Au Ciel ce nom divin, sur le front de Marie,
Jette un nouvel éclat de gloire et de splendeur,
Invoquons-le souvent dans le cours de la vie ;
Qu'il nous soit à la mort un gage de bonheur.

N° 7.

Honneur à N.-D. du Sacré-Cœur.

Air : *A toi tout mon amour, Vierge de la Salette.*

1.

A toi, toujours honneur,
O Mère immaculée !
Par le Ciel appelée
Vierge du Sacré-Cœur.

REFRAIN.

A toi, à toi, à toi, toujours honneur ! (*bis*).

2.

A toi toujours honneur,
Vierge pure et féconde,
Que proclame le monde
Vierge du Sacré-Cœur.

A toi, etc.

3.

A toi, toujours honneur,
O divine Marie !
Que partout on publie
Vierge du Sacré-Cœur.

A toi, etc.

4

A toi, toujours honneur,
Avocate fidèle,
Que le pécheur appelle
Vierge du Sacré-Cœur.

A toi, etc.

5.

A toi, toujours honneur,
O Mère bien-aimée!
Par tes enfants nommée :
Vierge du Sacré-Cœur.
A toi, etc.

N° 8.

N.-D. du S.-C. est un nom de victoire.

Air: *Victoire!*

REFRAIN.

Victoire! victoire!
Notre-Dame du Sacré-Cœur.
Victoire! victoire!
C'est le chant du vainqueur.

1.

Victoire! Mère chérie,
O Vierge du Sacré-Cœur!
Je succombais..... Je Te prie,
Et me voilà vainqueur.

2.

Victoire! par ma faiblesse,
Je m'exposais au danger;
J'eus recours à ta tendresse;
Tu vins me protéger.

3.

Victoire! dans la souffrance,
Je m'agitais jour et nuit;

J'implore ton assistance,
Le mal s'évanouit.

4

Victoire! la mort cruelle
Sur mon front levait son bras;
A mon secours je T'appelle,
Et j'échappe au trépas.

5.

Victoire! dans la misère
Je coulais des jours affreux,
Je T'adresse ma prière,
Et je deviens heureux.

6.

Victoire! j'étais coupable,
Mais je T'invoque avec foi;
Dieu m'ouvre un cœur favorable,
Je reviens sous sa loi.

N° 9.

Amour à Notre-Dame du Sacré-Cœur.

Air : *Vous êtes plus pure, ô Marie.*

1.

Le ciel vous vénère, ô Marie!
Sous un titre nouveau,
Aussi doux qu'il est beau;
Et la terre ravie
Vous nomme avec bonheur :
Notre-Dame du Sacre-Cœur,
Mère chérie. (*bis.*)

2.

Vous êtes la Mère, ô Marie!
Du Fils de l'Eternel,
Pour nous venu du Ciel;
Et la terre ravie
Vous nomme avec bonheur :
Notre-Dame du Sacré-Cœur,
Mère chérie. (*bis.*)

3.

Vos droits maternels, ô Marie,
Sont toujours reconnus
Par le Cœur de Jésus;
Et la terre ravie
Vous nomme avec bonheur :
Notre-Dame du Sacré-Cœur,
Mère chérie. (*bis.*)

4.

N'avez-vous pas, Vierge Marie,
Formé de votre sang
Le Cœur de votre enfant ?
Et la terre ravie
Vous nomme avec bonheur.
Notre-Dame du Sacré-Cœur,
Mère chérie. (*bis.*)

5.

Sur lui vous régnez, ô Marie !
Dans la splendeur des Cieux.
Quoi de plus glorieux !
Et la terre ravie
Vous nomme avec bonheur :
Notre-Dame du Sacré-Cœur.
Mère chérie. (*bis.*)

N° 10.

La Vierge du Sacré-Cœur.

Air : *Le voici, l'Agneau si doux.*

REFRAIN.

La Vierge du Sacré-Cœur,
S'appelle Marie :
Ce nom si plein de douceur,
Fait battre mon cœur.

1.

Qui dira les charmes
De ce nom divin ?
Avec lui les larmes
S'arrêtent soudain.

2.

C'est un doux remède,
C'est un nom puissant ;
La souffrance cède
En le prononçant.

3.

Il calme les peines,
Console le cœur ;
Il brise les chaînes
De l'homme pécheur.

4.

C'est un nom de gloire,
Un nom de bienfaits,
Un nom de victoire,
Un nom plein d'attraits.

5.

Le ciel le révère
Cet aimable nom,
Si cher à la terre,
Terrible au démon.

6.

Dans notre faiblesse,
La nuit et le jour
Invoquons sans cesse
Ce doux nom d'amour.

N° 11.

Adieux à N.-D. du Sacré-Cœur.

Air : *En vous quittant, Mère chérie.*

REFRAIN.

Nous vous quittons, Vierge MARIE,
Nous reviendrons avec bonheur;
Veillez sur nous, Mère chérie,
Notre-Dame du Sacré-Cœur.

1.

« Au sortir de mon sanctuaire,
O mes enfants ! mon Cœur vous suit toujours :
Partout de mon bras tutélaire,
Dans vos périls, implorez le secours.

2.

« Le divin Cœur à ma prière,
O mes enfants ! pour vous daigne s'ouvrir .

Il m'a faite sa trésorière,
Et c'est par moi qu'il veut vous enrichir.

3.

« Si de JÉSUS je suis la Mère,
O mes enfants! son Cœur vous donne à Moi,
Et mon incessante prière
Monte vers Lui pour garder votre foi

4.

« Vous retournez au sein du monde,
O mes enfants ! que d'écueils sous vos pas !
Veillez pour que l'esprit immonde
Dans ses filets ne vous enlace pas.

5.

« Si vous tombez, revenez vite ;
O mes enfants! gardez toujours l'espoir :
JÉSUS au pardon vous invite,
Et sur son Cœur n'ai-je pas tout pouvoir ?

6.

« Oui, je serai votre refuge,
O mes enfants, même au sein du malheur;
Je suis Mère de votre Juge,
Il m'a remis les tresors de son Cœur.

7.

« Quand sur le soir votre paupière,
O mes enfants! se ferme au doux sommeil,
Sur vous le Cœur de votre Mère
Veille toujours jusqu'à votre réveil.»

REFRAIN.

Nous qui quittons, Vierge MARIE, etc.

N° 12.

J'espère en Toi N.-D. du S.-C.

REFRAIN.

Vierge fidèle,
Toi qu'on appelle,
Notre-Dame du Sacré-Cœur.
Par Toi j'espère,
O tendre Mère,
La gloire promise au vainqueur.

1.

Timide,
Sans guide,
J'ai recours à Toi !
Qu'ardente,
Constante
Soit toujours ma foi.

2.

Écoute !...,
Le doute
Me saisit d'effroi !
J'espère,
O Mère !
Combats avec moi.

3.

J'implore
Encore,
Tes divins bienfaits.
Mon âme
Réclame
De Jésus la paix.

4.

Clémente,
Puissante
Sur le divin Cœur,
La terre
Espère
Ta douce faveur.

5.

Archanges,
Saints Anges,
Chantez avec nous
Victoire
Et gloire
A ce nom si doux.

N° 13.

Autel de Notre-Dame du Sacré-Cœur.

Air : *Reine des Cieux*.

REFRAIN.

Notre-Dame du Sacré-Cœur,
Dans ton béni sanctuaire,

Obtiens pour nous du Dieu Sauveur
Tous les trésors du Calvaire (*bis*).

1.

Ici, les vœux
Des malheureux
Montent vers Toi, tendre Mère!
Du DIEU Sauveur
Ouvre le Cœur
A notre ardente prière (*bis*).

2.

A tes autels,
Faibles mortels,
Nous n'apportons que misères;
Par ta faveur,
Le divin Cœur
Exaucera nos prières. (*bis*).

3.

Vous qui pleurez,
Vous qui souffrez,
Consolez-vous, plus d'alarme.
Je puise au Cœur
Du Rédempteur
De quoi secher toute larme. (*bis*).

4.

Soyons fervents (1)
Et confiants;
Jésus se fait notre hostie
Et de son cœur,
Toute faveur,
S'épanchera par MARIE. (*bis*).

(1) [Ce cantique avait ete fait pour être chanté pendant *la Messe de Notre-Dame du Sacré Cœur*, c'etait le titre que nous lui avions donné, *l'Autel* rappelle le sacrifice, c'est pourquoi nous disons : *Soyons fervents;* et nous demandons, dans le refrain, *tous les tresors du Calvaire*]

5.

Notre-Dame du Sacré-Cœur,
Quels cris de reconnaissance
S'élèveront de notre cœur
Pour proclamer ta puissance? (*bis.*)

N° 14.

Victoires de N.-D. du Sacré-Cœur.

Air : *O Rosaire sacré*, etc.

REFRAIN.

Vierge du Sacré-Cœur, obtiens à tes enfants
La force et la victoire!
Rends-les toujours vainqueurs, conduis-les triomphants
Avec Toi dans la gloire. (*bis.*)

1.

En vain Satan conspire
Contre le genre humain;
Ton invincible main
Renverse son empire.
Vierge du Sacré-Cœur, etc.

2.

De la candide enfance
Il veut flétrir le cœur;
Perfide tentateur,
Il cède à ta puissance.
Vierge du Sacré-Cœur, etc.

3.

Il veut de la jeunesse
Egarer les ardeurs;

Ravir d'aimables cœurs,
O mère ! à ta tendresse.
Vierge du Sacré-Cœur, etc.

4.

Il énerve les âmes
Par le respect humain ;
Les entraîne au chemin
Des éternelles flammes.
Vierge du Sacré-Cœur, etc.

5.

Je craindrais sa furie
A l'heure du trépas,
Si je ne savais pas
Ton pouvoir, ô Marie ?
Vierge du Sacré-Cœur, etc.

N° 15.

Notre-Dame du S.-C. est un Asile.

PREMIÈRE PARTIE.

NOTA. — Outre l'air de l'*Asile* du Cœur de JÉSUS, plusieurs autres airs peuvent s'adapter a ce cantique, tels que . *Tout s'anime dans la nature*; *O Cœur de notre aimable Mère! Prévenons les feux de l'aurore;* MARIE, *elle est notre patronne; Mère de* DIEU, *Reine des Anges, etc.*

Ce cantique etant trop long pour être chanté d'une seule fois, nous le mettons en deux parties, dont la deuxième pourra être chantée sur un air different.

1.

Les passereaux ont leur retraite,
Et la tourterelle a son nid ;
J'ai trouvé, comme le prophète,
Un plus doux et plus sûr réduit.

Près de JÉSUS je vis tranquille ;
Et Lui, pour comble de faveur,
M'offre, comme un nouvel asile,
Notre-Dame du Sacré-Cœur.

3.

Mais du bonheur les plus doux charmes
N'ont que d'éphémères attraits :
Souvent la douleur et les larmes
Changent les rosiers en cyprès.
Alors même je vis tranquile ;
Car JESUS, mon consolateur,
A ma peine offre pour asile
Notre-Dame du Sacré-Cœur.

3.

En vain le lion, l'adversaire,
Rugit et veut me dévorer;
De son impuissante colere
Quelqu'un saura me délivrer.
Ses assauts me laissent tranquille,
Et je me ris de sa fureur;
Car JESUS m'offre pour asile
Notre-Dame du Sacré-Cœur.

4.

Que Satan m'offre les richesses,
L appât d'un plaisir séducteur,
Loin de céder à ses caresses,
Je méprise le tentateur.
En le fuyant, je viens tranquille
M'abriter près de mon Sauveur,
Qui m'offre un doux et sûr asile :
Notre-Dame du Sacré-Cœur.

5.

Que la haine et la calomnie
Me lancent leurs traits acérés.

Le Ciel m'a contre leur furie
Ouvert deux asiles sacrés :
Contre la haine la plus vile,
Qui n'épargna pas mon Sauveur.
C'est Lui qui m'offre pour asile
Notre Dame du Sacré-Cœur.

6.

C'est en vain que la maladie
M'abat sur un lit de douleurs,
Mon âme ne s'est point raidie
Contre ses trop longues rigueurs.
Alors même je suis tranquille,
Car JÉSUS mon consolateur,
M'offre toujous le même asile :
Notre Dame du Sacré-Cœur.

N° 16.

l'Asile.

DEUXIÈME PARTIE.

Un des airs marqués au Cantique précédent

1.

Mon cœur quelle douceur secrète
Te ramène vers ton réduit ?
Reviens, reviens à ta retraite,
Comme la colombe à son nid.
Près de JÉSUS, toujours tranquille,
Ne crains ni trouble, ni langueur ;
Choisis désormais pour asile
Notre-Dame du Sacré-Cœur.

2.

En vain l'inconstante fortune
Me prive des biens d'ici-bas.
Même alors la plainte importune
De mon cœur ne sortira pas.
Près de JESUS je vis tranquille,
Assez riche de sa faveur,
Et cherchant pour unique asile
Notre-Dame du Sacré-Cœur.

3.

En vain la tempête s'élève
Et menace de m'engloutir;
Je ne crains rien : la nouvelle Ève
De son manteau va me couvrir.
Près de JESUS je dors tranquille;
Des flots il calme la fureur :
J'entre au port et j'ai pour asile
Notre-Dame du Sacré-Cœur.

4.

C'est en vain que la mort cruelle
Rompt des liens qui m'étaient chers;
Mon cœur brisé reste fidèle
Parmi les maux les plus amers.
Alors même je suis tranquille ;
Car JESUS à toute douleur,
Offre pour baume et pour asile
Notre-Dame du Sacré-Cœur

5.

En vain la mort m'atteint moi-même
Je ris de ses vaines terreurs;
J'attends en paix le coup suprême
Qui mettra fin à mes douleurs.
Avec JESUS je meurs tranquille,
Et Lui, pour comble de faveur,

M'offre comme un dernier asile
Notre-Dame du Sacré Cœur.

6.

Si de l'éternelle justice
Mon ame ressent quelque effroi,
Mon juge me sera propice,
Car sa mère plaide pour moi.
Oui, mon JESUS! je suis tranquille
Vous-même contre ma frayeur,
M'avez ouvert un sûr asile:
Notre-Dame du Sacré-Cœur.

7.

Et quels seront, dans l'autre vie,
Mes deux asiles les plus doux?
Vos cœurs, ô JESUS! ô MARIE!
Je ne puis désirer que Vous!
Oui, c'est là que, toujours tranquille,
Auprès de JESUS, mon Sauveur,
J'aurai pour éternel asile
Notre-Dame du Sacré-Cœur,

N° 17.

Le nom de N.-D. du Sacré-Cœur.

Air : *Qu'il est doux, mélodieux, le saint nom de Marie!*

REFRAIN

La Vierge du Sacré-Cœur,
C'est vous-même, ô MARIE! (1)
O ma Mère chérie!
O Vierge du Sacré-Cœur!
Votre nom (fait mon bonheur.) (*bis*.)

(1) *Chantez* : C'est vous-mêm', ô MARIE! (L'*e* final s'élide.)

1.

Le divin Cœur vous fit sa trésorière,
Oui, sous ce nom j'aime à Vous invoquer.
Que tout l'Enfer conspire à m'attaquer,
Votre nom seul vaut une armée entière.

2.

Ce nom me dit que JESUS à sa Mère,
Pour ses enfants ne peut rien refuser;
Que sur son Cœur Elle peut tout oser,
Qu'Il n'a jamais rejeté sa prière.

3.

Ce nom me dit que votre Cœur, MARIE,
Au divin Cœur est uni sans retour;
Vous y régnez par le droit de l'amour;
Jamais en vain votre voix ne Le prie.

4.

Ce nom me dit la bonté, la puissance
Que votre Cœur puise au Cœur de JESUS;
Et ces deux Cœurs ne se séparent plus
Dans mon amour, dans ma reconnaissance.

5.

Ce nom si doux fait luire l'espérance
Aux cœurs souffrants, même aux plus abattus;
Vous pouvez tout sur le Cœur de JESUS;
Votre nom seul calme toute souffrance.

6.

Quand j'entendrai les Saints, dans la patrie,
Vous proclamer Vierge du Sacré-Cœur,
Qu'il sera doux, ce nom consolateur
Qui fait déjà le charme de ma vie!

N°. 18.

Donnons-lui nos Cœurs.

Air : *Heureux enfants d'une Mère chérie,*

1.

Du Sacré Cœur l'aimable Trésorière
Nous sollicite avec amour
A nous ranger sous sa blanche bannière :
Donnons Lui nos cœurs sans retour.

REFRAIN.

Nos cœurs, Mère chérie,
Te sont offerts avec bonheur ;
Garde-les pour la vie,
Notre-Dame du Sacré-Cœur,
O Vierge sainte !
Dans cette enceinte,
Où nous appellent tes attraits.
O Vierge sainte !
Dans cette enceinte,
Epanche sur nous tes bienfaits.

2

Ah ! de nos cœurs Tu connais l'inconstance,
Daigne toujours les protéger !
Sois leur appui, car ils sont sans défense
Quand sonne l'heure du danger.

3.

Prends donc nos cœurs, puisque le tien nous aime !
Consacre nous au divin Cœur,
Et qu'à jamais ce Cœur, la bonté même,
Règne en nous pour notre bonheur.

4.

Puisque Jésus, sur son Cœur adorable.
Te donne un suprême pouvoir ;
Obtiens pour nous le bonheur ineffable.
D'aller un jour au Ciel Te voir.

N° 19.

Grandeur du nouveau nom de Marie

Air : *Soudain quel astre vient d'éclore*

1.

Quelle est cette Vierge si pure.
Qui du Très-Haut charme les yeux ?
Rien n'égale dans la nature
L'éclat de son front radieux !...
Je vois resplendir sa couronne
D'une éblouissante beauté ;
Reflet du Ciel, la gloire l'environne,
Et remplit tout de sa vive clarté.

REFRAIN.

C'est Marie,
Que l'âme ravie
Nomme Vierge du Sacré-Cœur.
C'est Marie,
Que partout on prie
Sous ce nom de gloire et d'honneur.

2.

Venez, ô célestes phalanges,
A nos voix unir vos accents!
Entremêlez à vos louanges
Ce nom si digne de vos chants.
Comme vous, nous chantons MARIE:
Et nous venons avec bonheur
Nous abreuver aux sources de la vie,
Qu'à sa prière ouvre le divin Cœur.

3.

Soyez, ô justes de la terre
Ivres de joie et de bonheur;
Le Ciel proclame votre Mère:
Notre-Dame du Sacré-Cœur.
Que ce nom renferme de charmes!...
Qui peut dire tous ses attraits?....
Il a de quoi sécher toutes les larmes,
Il donne à tous l'espérance et la paix.

4.

Pécheurs qui ne voulez plus l'être,
A l'espérance ouvrez vos cœurs;
Au bonheur vous allez renaître,
Rassurez-vous, séchez vos pleurs!
Vous avez pour nouveau refuge
La Vierge du Cœur de Jésus;
Elle saura désarmer votre Juge,
Et vous placer au nombre des élus!

N° 20.

C'est un Nom de victoire.

Air : *Salut, Vierge Marie !*

REFRAIN.

C'est vous, Vierge Marie,
Mère tendre et chérie,
Que la terre publie
Vierge du Sacré-Cœur.
C'est un Nom de victoire,
Dont la douce mémoire
Du juste fait la gloire
Et l'espoir du pecheur.

1.

Anges du Ciel, ô célestes phalanges !
De votre Reine exaltez la grandeur ;
Un nouveau Nom, digne de vos louanges,
Lui fut donné dans ces jours de malheur.

2.

Partout l'enfer exhale sa furie,
L'esprit du mal se répand en tout lieu ;
Nous le vaincrons en invoquant MARIE :
Elle peut tout sur son Fils et son Dieu.

3.

L'orage, hélas ! se forme sur le monde,
L'Église voit tous ses droits méconnus,
Vite écartez la tempête qui gronde ;
Vous pouvez tout sur le Cœur de Jésus.

4.

Vous pouvez tout : ce trésor de la grâce,
Le Sacré-Cœur, n'est-il pas votre bien ?
Ménagez-nous un secours efficace;
Dans le péril soyez notre soutien.

N° 21.

Elle est notre Mère!

Air : *Nous t'oublier, Mère chérie!*

1.

Notre-Dame du Sacré-Cœur,
Montre-toi toujours notre Mère;
Que ton Cœur, dans notre misère,
Nous serve de consolateur :
Du haut du ciel, ah! vois notre détresse;
A tes enfants apporte un prompt secours.

REFRAIN.

Qu'ils soient l'objet de ta tendresse
Toujours, toujours (toujours, toujours) (*ter*) } *bis.*

2.

Notre-Dame du Sacré-Cœur,
Contre nous Satan se déchaîne,
Et dans son implacable haine :
Il veut notre éternel malheur
De tes enfants tu comprends la faiblesse.
Du divin cœur obtiens leur le secours.

3.

Notre-Dame du Sacré Cœur,
Sauve-nous des dangers du monde ;
Autour de nous l'orage gronde,
Et jusqu'au fond de notre cœur.
Sur tes enfants daigne veiller sans cesse ;
Dans le péril prête-leur ton secours.

4.

Notre-Dame du Sacré-Cœur,
Puisse un jour notre âme ravie,
Te contemplant dans la patrie,
Participer à ton bonheur !
Pour obtenir cette ineffable ivresse,
A ton crédit tes enfants ont recours.

REFRAIN.

Qu'ils soient l'objet de ta tendresse, } *bis.*
Toujours, toujours (toujours, toujours) *(ter.)* }

N° 22.

Puissance de Notre-Dame du Sacré-Cœur.

Air : *Oui, je l'entends ; sa voix m'appelle.*

1.

Livrons nos cœurs à l'allégresse
Plus de chagrin, plus de douleur :
Dieu nous donne dans sa tendresse,
Notre-Dame du Sacré-Cœur.

REFRAIN.

Marie, ô douce et tendre Mère!
Pour vos enfants, c'est un bonheur
De trouver dans votre prière
De quoi charmer le divin Cœur.

2.

Jésus, de la crèche au Calvaire,
Voulut toujours vous obéir;
En vous Il honora sa Mère;
Vous contenter fut son désir.

3.

Non, jamais le Dieu de clémence,
Ne vous refusa sa faveur;
Soyez toujours notre espérance,
Notre-Dame du Sacré-Cœur,

4.

Ce titre si doux à notre âme,
A chaque instant nous l'invoquons;
Il nous ranime, il nous enflamme,
Et Dieu nous comble de ses dons.

5.

Puisque vous êtes notre Mère,
Obtenez du Cœur de Jésus!
Qu'après les combats de la terre
Il nous place au rang des élus.

N° 23.

L'Exilé à Notre-Dame du Sacré-Cœur.

Air : *Les soupirs de l'exil.*

REFRAIN.

Je suis un exilé, nuit et jour je soupire!
Pour moi plus de bonheur! pour moi plus de bonheur!
Rarement sur mes pas je recueille un sourire ;
Mais pour me consoler sans cesse je veux dire :
Priez pour moi, VIERGE DU SACRÉ-COEUR.

1.

Oui, priez pour moi, bonne et tendre Mère;
Mon cœur a besoin de votre secours :
Et, pour dissiper sa tristesse amère,
A votre clémence il aura recours.

2.

Le monde insensé sous mes yeux s'amuse,
S'agite en tout sens, court à ses plaisirs :
Quant à moi, je fuis la foule confuse,
Et l'écho plaintif redit mes soupirs,

3.

Au sein de l'exil, mon âme assombrie,
Ressent chaque jour le poids du malheur ;
Pour me consoler j'invoque MARIE :
Elle a tout pouvoir sur le divin Cœur.

4.

Oh! que votre Nom renferme de charmes!
Mon cœur est heureux de le prononcer :

Il a le secret de sécher les larmes;
Aussi je voudrais partout l'annoncer.

5.

Pour le vrai chrétien, l'exil c'est la terre;
Sa patrie à lui n'existe qu'aux Cieux :
C'est là qu'il vous trouve, ô divine Mère!
Comment loin de vous peut-il être heureux !

N° 24.

La Reconnaissance.

1.

Un doux chant de reconnaissanee
S'élève aujourd'hui de mon cœur,
Pour exalter votre puissance,
Notre-Dame du Sacré-Cœur.
Ah ! je voudrais pouvoir redire
Vos nombreux et touchants bienfaits,
Dans mon cœur je veux les écrire
Pour ne les oublier jamais.

2.

Lorsque sur un lit de souffrance
J'étais cloué par la douleur,
En vous je mis ma confiance,
Notre-Dame du Sacré-Cœur.
Alors votre main, tendre Mère,
Vint panser et guérir mes maux ;
Vous sourîtes à ma prière
Et je retrouvai le repos.

3.

Oh ! soyez mille fois bénie,
Digne Mère du Dieu Sauveur;
Car vous m'avez rendu la vie,
Notre-Dame du Sacré-Cœur.
Je voudrais à toute la terre
Apprendre votre nom si doux,
Et lui redire, tendre Mère,
Les biens que vous versez sur nous.

4.

Quand Jésus daigne sur la terre
Verser les trésors de son Cœur
C'est par vos mains, divine Mère,
Qu'il nous prodigue sa faveur.
Que de fois par Vous à mon âme,
Il rendit le calme et la paix !
Aussi, tout en moi le proclame :
Je suis l'enfant de vos bienfaits.

5.

Dans les demeures éternelles,
Si Dieu daigne me recevoir,
Chantant vos bontés maternelles,
Mon bonheur sera de vous voir.
M'unissant aux concerts des Anges,
J'exalterai votre grandeur,
Je vous offrirai mes louanges,
Notre-Dame du Sacré-Cœur.

N° 25.

Louange et prière à Notre-Dame du S.-C.

Air : *Mère de Dieu, du monde Souveraine.*

1.

Toi qu'on nomma Dame de la Victoire,
Reine des Cieux, Mère du Rédempteur,
L'Eglise ajoute a tes titres de gloire
Ton doux pouvoir auprès du divin Cœur.

REFRAIN.

O nom plein de charmes !
Ta douceur
Va sécher les larmes
Du pécheur.

2.

Il est à Toi, le Cœur du divin Maître,
Ce Cœur béni, doux repos de l'amour!
De Toi pour nous Jésus a voulu naître ;
Obtiens-nons donc de L'aimer sans retour,

3.

Tu Lui donnas ce Cœur dont Il nous aime ;
Ton Cœur de Mère a sur Lui tout pouvoir :
Tu peux L'ouvrir ou Le fermer toi-même ;
Ouvre-le-nous, c'est la tout notre espoir.

4.

Dans mes chagrins, ô divine Marie,
En implorant par Toi le divin Cœur,
Je vois s'ouvrir les sources de la vie.
Et jusqu'à moi descendre le bonheur.

5.

Je t'en conjure, ô ma puissante Mère!
Donne à ton Fils de vrais imitateurs.
Des Prêtres saints dont l'existence entière
Pour Lui s'immole et Lui gagne des cœurs.

N° 26.

Le nom de Notre-Dame du Sacré-Cœur.

Air : *Heureux Enfants d'une Mère chérie.*

1.

Mère de Dieu, mais aussi notre Mère,
Nos cœurs, touchés de ton amour,
Voudraient pouvoir, dans l'exil de la terre,
Te payer d'un juste retour.

REFRAIN.

Auguste et tendre Mère
Il te faut un titre nouveau;
Quel nom pourra te plaire?
En est-il qui soit assez beau?
Pour toi MARIE,
Mère chérie,
Je trouve un nom plein de douceur.
J'aime à l'entendre,
Ce nom si tendre :
Notre-Dame du Sacré-Cœur.

2.

Ce Nom pour nous, Mère tendre et chérie,
Est toujours doux et précieux;
En l'invoquant, nous pouvons, ô Marie,
Obtenir tous les dons des Cieux.

3.

Oui, ce doux Nom soulage la tristesse
Et nous rend le Ciel plus serein;
Aussi nos cœurs, tout remplis d'allégresse,
Le diront comme un doux refrain.

4.

Ce Nom si cher à notre âme ravie,
Nous ouvre les Trésors des Cieux;
Nul autre nom jamais, tendre Marie,
A nos cœurs ne répondit mieux.

5.

Ce nom respire une double tendresse.
JÉSUS! Marie! ah! quel bonheur
De vous bénir en répétant sans cesse :
Notre-Dame du Sacré-Cœur!

N° 27.

J'ai recours à Toi, Notre-Dame du S.-C.

1.

O Marie, ô ma Mère,
Vierge du Sacré-Cœur,
Secourez ma misère,
Soutenez ma langueur.

REFRAIN.

Vous que l'amour proclame. } *bis.*
Vierge du Sacré-Cœur,
Aux rayons de sa flamme
Ranimez ma ferveur.

2.

Le monde me présente
Une ombre de bonheur ;
Jésus seul me contente
Cachez-moi dans son Cœur.

3.

L'exil de cette vie
Ne m'offre que douleur ;
Ouvrez-moi la patrie
Vierge du Sacré-Cœur.

4.

Daignez, ô Mère tendre !
Au Cœur du Roi des Cieux
Sans cesse faire entendre
Mes soupirs et mes vœux.

5.

De vos puissants suffrages
Donnez-moi la faveur,
Recevez mes hommages,
Vierge du divin Cœur.

N° 28

Salut à vous, Vierge du Sacré-Cœur!

REFRAIN

Salut à Vous, Vierge du Sacré-Cœur !
Salut à Vous, Nom si doux et si tendre !
Par Vous JESUS nous donne le bonheur.
Nous l'implorons, daignez sur nous répandre
Et son amour et sa faveur.

1.

Lui-même de son Cœur Vous fit la trésorière;
Votre-Cœur est toujours puissant auprès du sien;
Montrez-Lui nos désirs, nos maux, notre prière
Le Cœur de votre Fils ne Vous refuse rien. (*bis.*)

2.

JÉSUS en Vous faisant partager sa souffrance,
Vous a communiqué les trésors de son Cœur :
En souffrant avec Lui pour notre délivrance,
Vous nous avez conquis la palme du vainqueur.

3.

Ce fut sur le Calvaire, à ce moment suprême
Où le Cœur de Jésus brisé par la douleur,
Comme gage assuré de son amour extrême
Nous donna pour enfants à votre aimable Cœur. (*bis.*)

4.

Vous êtes notre amour, soyez notre espérance :
Veillez toujours sur nous, Vierge du Sacré-Cœur,
Priez pour les pécheurs, protégez l'innocence;
Ouvrez-nous le chemin qui mène au vrai bonheur (*bis.*)

N° 29

Prière à N.-D. du Sacré-Cœur.

1.

Je sens en moi l'Espérance
Grandir avec la ferveur,
Quand j'implore Ta puissance.
O Vierge du Sacré-Cœur.

REFRAIN.

O ma Mère!
Ta prière
Obtient tout du Sacré-Cœur.
Dès l'aurore
Je T'implore,
Répands sur moi Ta faveur

2.

Si je m'attriste à la vue
Des maux de l'humanité,
Tu viens!. . Mon âme abattue
Se ranime à ta bonté.

3.

En Toi la veuve qui pleure
Trouve un consolant soutien:
Et le cœur souffrant demeure
En paix à l'ombre du tien.

4.

Tu répands sur notre vie
Un doux parfum de bonheur.
Ouvre-nous dans l'agonie,
Les trésors du divin Cœur.

N° 30.

Douceur du Nom de Notre-Dame du S.-C.

Air : *J'ai besoin d'une âme qui m'aime.*

1.

Est-il un Nom qui, pour la terre,
Ait plus de charme et de douceur
Que le nouveau Nom de ma Mère,
Notre-Dame du Sacré-Cœur ?
Je le redis, je le révère
La nuit et le jour, en tout lieu,
Ce nom qui me dit que ma Mère
Peut tout auprès du Cœur de Dieu.

REFRAIN.

Oui, je vous aime et vous vénère,
Notre-Dame du Sacré-Cœur ;
Soyez ma force et ma lumière,
Ma paix, ma joie et mon bonbeur,

2.

Si j'invoque dans la tristesse
Notre-Dame du Sacré-Cœur ;
Ce nom, pour le mal qui m'oppresse,
Est un baume consolateur.
Venez, vous qni versez des larmes ;
Essayer ce baume divin.
Redites ce nom plein charmes
Qu'on n'invoque jamais en vain,

3.

Vous serez toujours ma Patronne
Auprès du Cœur de mon Jésus.

Pour moi, vous vous montrez si bonne,
Que j'en suis surpris et confus.
Puis-je oublier votre clémence ?
Oh ! non, jamais ; plutôt mourir !
Je veux avec persévérance
Vous glorifier, vous bénir.

4.

Je vous raconte mes tristesses,
Me reposant sur votre amour.
Le divin Cœur de ses largesses
Par vous me comble chaque jour ;
Des grâces par vos mains versées
Je garderai le souvenir,
Et toutes vos bontés passées
Me répondent de l'avenir.

N° 31.

Bonté de Notre-Dame du Sacré-Cœur.

Air : *Chante au saint réveil des montagnes*, etc.

1.

Vierge, que partout on proclame
Avec bonheur
Reine du Ciel, Notre-Dame
Du Sacré-Cœur,
Vous êtes si bonne
Pour les malheureux,
Puissante Patronne,
Recevez nos vœux.

REFRAIN

Mère! Mère!
Dont la prière
Est puissante auprès du Seigneur,
Sur la terre
On n'espère
Qu'en votre Cœur!
Sur la terre!
On n'espère
Qu'en votre Cœur! } (bis.)

2.

Ah! que ce nom touche mon âme
Par sa douceur!
Que j'aime à dire : « Notre-Dame
Du Sacré-Cœur,
Protégez la veuve
Le pauvre orphelin,
L'âme dans l'épreuve,
Et le Pèlerin. »

3.

Dès que je pressens une alarme,
Quelque malheur,
J'invoque vite Notre-Dame
Du Sacré-Cœur.
Alors sa puissance
Calme ma douleur;
Et la confiance
Renaît dans mon cœur.

4.

Si de mes jours brisant la trame,
Le doux Sauveur
Veut me conduire à Notre-Dame
Du Sacré-Cœur,

M'unissant aux Anges.
Je veux à jamais
Chanter ses louanges,
Dire ses bienfaits.

N° 32.

Consécration à N.-D. du Sacré-Cœur.

Air : *Rassemblons-nous en ce saint lieu.*

1

Notre-Dame du Sacré-Cœur,
A vous pour toujours je me donne;
Offrez mon âme au Dieu Sauveur,
Qu'à votre voix il me pardonne.

REFRAIN.

Prenez, prenez mon cœur, Reine d'amour,
Sous votre doux empire,
Que Jésus soit mon maître sans retour :
A l'aimer seul j'aspire.

2.

Notre-Dame du Sacré-Cœur,
Mère de la sainte Espérance,
Sous votre manteau protecteur,
Je me repose en assurance.

3.

Notre-Dame du Sacré-Cœur,
Que votre amour se réjouisse :
Vous m'avez rendu le bonheur :
Jésus m'est devenu propice.

4.

Notre-Dame du Sacré-Cœur,
J'avais perdu mon innocence;
De Dieu jéprouvais la rigueur :
Je ne sens plus que sa clémence.

5.

Notre-Dame du Sacré-Cœur,
Avec bonheur je le proclame :
Oui, c'est par vous quemon Sauveur
A rendu sa grâce à món âme.

N° 33.

Bienfaits du Nom de Notre-Dame du S -C.

REFRAIN.

Mère sainte et bénie,
Vierge du Sacré-Cœur.
Soyez toute ma vie,
Ma joie et mon bonheur.

1.

A votre Nom si tendre,
Vierge du Sacré-Cœur,
Le pauvre croit entendre
Un cri consolateur;
Car pour Lui sur la terre,
Il ne croit au bonheur
Que près de votre Cœur,
Qui seul de sa misère
Adoucit la rigueur.

2.

A votre nom suprême,
Vierge du Sacré-Cœur,
L'humble enfant qui vous aime
Recouvre la ferveur;
Et son âme ravie,
Par ce titre vainqueur,
Ne veut plus que l'honneur
De rester, pour la vie,
Fidèle au Sacré-Cœur.

3.

A votre Nom suprême,
Vierge du Sacré-Cœur,
Le pécheur qui Vous aime
N'est déjà plus pécheur.
Par Vous Dieu lui pardonne
Et lui rend le bonheur,
Jusqu'au jour où vainqueur,
Il aura la couronne
Des élus de son Cœur.

N° 34.

N.-D. du S.-C. et Pie IX.

1.

Il est un Nom qui réjouit la terre,
Un nom béni qui calme la douleur;
Un nom d'amour, un nom bien salutaire,
Et c'est le tien, Vierge du Sacré-Cœur.

REFRAIN.

Oui, nous l'aimons, ce Nom, tendre Marie,
Ce Nom si doux qui rappelle au bonheur.
Nous oublions les peines de la vie
En te nommant, Vierge du Sacré-Cœur.

2.

Quand le pécheur le prononce, ô Marie!
Il est vaincu! son cœur est transformé,
L'âme souffrante est rendue à la vie,
En T'invoquant sous ce Nom bien-aimé.

3.

Mais de l'Église écoute la prière,
Dans la souffrance elle a recours à Toi;
Fais triompher le successeur de Pierre,
Conserve-nous notre Pontife-Roi.

4.

De mille maux son âme est accablée,
C'est lui pourtant dont la voix proclama
Ton dogme saint, ô Vierge immaculée!
Brillant fleuron que sa main Te forma.

5.

Le même jour, d'éternelle mémoire,
On vit éclore une modeste fleur. (1)
Fleur qui devait ajouter à ta gloire
Un nouveau titre, un nom plein de grandeur.

6.

Du Sacré-Cœur n'es-tu pas trésorière?
Fut-il jamais un nom plus glorieux?
Sur tes enfants, règne, puissante Mère
Et garde leur un trône dans les Cieux!

(1) Notre sainte Société des Missionnaires du Sacré Cœur de JÉSUS

N° 35.

Ce nouveau nom est tout pour moi.

Air : *C'est le nom de Marie qu'on célèbre en ce jour.*

REFRAIN.

On vous nomme, ô Marie!
Vierge du Sacré-Cœur !
Mère tendre et chérie,
Je vous donne mon cœur.

1.

A ce Nom plein de charmes
Je pense nuit et jour ;
Mes yeux sont pleins de larmes
Que fait jaillir l'amour.

2.

Ce nom parle à mon âme
Un langage divin ;
Et quand je le proclame,
Ce n'est jamais en vain.

3.

Il dit tout ce que j'aime,
Ce nom mystérieux ;
Il désarme Dieu même
Et nous ouvre les Cieux.

4.

Ce titre est pour le monde,
Malgré tous ses forfaits,
Une source féconde
D'amour et de bienfaits.

5.

Ce doux nom me rappelle
Les trésors de bonté
Que, dans son Cœur, recèle
Le Dieu de charité.

6.

Il me dit que MARIE,
Sur le Cœur de JÉSUS,
Peut tout quand Elle prie,
Et ne craint nul refus,

N° 36.

A Notre-Dame du Sacré-Cœur.

1.

Vierge du Sacré-Cœur, pour célébrer ta gloire,
Il nous faudrait Cécile et les chants de victoire
Qu'elle redisait au Seigneur ;
Moins indignes alors de chanter tes louanges,
Nous te proclamerions avec les chœurs des Anges,
Notre-Dame du Sacré-Cœur !

REFRAIN.

Mais l'amour n'a qu'un mot au ciel et sur la terre ;
Un nom suffira seul à ta gloire, ô ma Mère !
Et je l'accueille avec bonheur ;
Puisse à mon dernier jour ce nom plein d'espérance
Faire éclater sur moi ta bonté, ta puissance,
Notre-Dame du Sacré-Cœur !

2.

Il nous faudrait du Ciel l'angélique harmonie,
L'ineffable concert de la sainte patrie,
Ces chants dont le charme vainqueur
Ravissait autrefois l'Apôtre au cœur de flamme;
Seule Tu les pourras faire entendre à mon âme,
Notre-Dame du Sacré-Cœur.

3.

Car pour dire ta gloire, incomparable Mère,
Aride est ma parole et faible est ma prière,
Mais du moins tu vois ma ferveur,
Mon désir de te plaire et ma reconnaissance;
A Toi je m'abandonne en toute confiance,
Notre-Dame du Sacré-Cœur.

N° 37.

Richesses de Notre-Dame du Sacré-Cœur

REFRAIN.

Nom d'irrésistible puissance,
Notre-Dame du Sacré-Cœur,
Par Toi la craintive espérance
Se relève au jour du malheur.

1.

Tu rafraîchis l'âme altérée,
Par cet océan de douceur
Que JÉSUS, à ta voix aimée.
Fait jaillir de son divin Cœur.

2.

Dispensatrice des richesses.
Que nous acquit le Rédempteur.
Épanche sur nous les largesses,
Que recèle son divin Cœur.

3.

Vierge sainte, à l'âme appauvrie
Donne le trésor de la foi,
L'or de l'amour qui purifie
Et bannit du cœur tout effroi.

4.

Puis-je douter de ta puissance
O ma Mère, ou de ta bonté?
Non, j'attends avec assurance
Tout de ta libéralité.

5.

Car qui peut compter les largesses
Que par Toi répand le Sauveur?
Tu tiens la clef de ses richesses,
Ouvre-nous donc son divin Cœur.

N° 38.

Nom depuis longtemps cherché.

1.

Mère, depuis longtemps je cherchais en mon âme
Un nom qui répondît au besoin de mon cœur;
Enfin je l'ai trouvé, mon amour Te proclame
Notre-Dame du Sacré-Cœur.

2.

Bien d'autres rediront ta gloire et tes louanges,
Ton immense crédit, ta suprême grandeur!
Ah! laisse-moi chanter avec les chœurs des Anges,
Notre-Dame du Sacré-Cœur.

3.

Ce nom m'est inspiré par la reconnaissance;
Il rappelle un passé de paix et de bonheur.
En Toi seule j'ai mis toute mon espérance,
Notre-Dame du Sacré Cœur.

4.

Pour l'enfant qui connaît et savoure tes charmes,
Le Ciel a réservé sa plus douce faveur;
Car n'a-t-il pas toujours, pour essuyer ses larmes,
Notre-Dame du Sacré-Cœur?

5

Comme un refrain d'amour, au séjour de la gloire.
Je le répéterai, ce Nom trois fois vainqueur.
Après Jésus, à Toi mon hymne de victoire,
Notre-Dame du Sacré-Cœur.

N° 39.

N.-D. du Sacré-Cœur, Reine des Vierges.

1.

O Marie! avant Toi, sur cette pauvre terre,
De langueur et de deuil notre front se penchait..
Pour la femme surtout la vie était amère:
Sous le joug d'un mortel, esclave, elle pleurait...
Mais enfin Tu parus, ô fleur incomparable!
Et le Seigneur Te dit: « Beau lis de pureté,

Grâce à toi, je pardonne à la race coupable;
Je rends aux filles d'Ève et gloire et liberté!

REFRAIN.

Cause de notre sainte joie,
Notre-Dame du Sacré-Cœur.
A Toi nous devons le bonheur
Que le Ciel à flots nous envoie.

2.

« Viens! disait l'Esprit-Saint, ô ma sœur toute belle!
Je veux sur ton front pur graver un nom nouveau!
Par Toi je veux créer une race nouvelle.
Vierge! ton Cœur sera des vierges le berceau!....
Et la terre et les cieux, tressaillant d'allégresse,
Uniront leurs accords pour célébrer en chœur
Le virginal hymen qu'un Dieu plein de tendresse
T'offrait, douce Marie, en Te donnant son Cœur. »

3.

La Vierge qui bientôt du Sauveur sera Mère
Arbore l'étendard de la virginité....
Salut, trois fois salut! ô céleste bannière!
Bénis ces milles cœurs épris de ta beauté!....
Venez mes sœurs! suivons la marche triomphale
De la *Reine* qui monte au *Trône du Seigneur*!
Écoutons retentir dans la *cité royale*..
Ce doux et nouveau nom : *Vierge du Sacré-Cœur*.

4.

Nous aussi nous pouvons être les bien aimées
De ce Roi dont les Cieux admirent la splendeur.
Libres de toute chaîne, à *Lui* seul consacrées,
Nous pouvons devenir épouses de son Cœur.
Mais, quoi! de notre amour n'est-ce pas un délire?..
N'est-ce pas un beau rêve, une trop douce erreur?

Non, les Vierges un jour, dans le céleste empire,
Marcheront après Toi, *Vierge du Sacré-Cœur.*

5.

Nous goûtons ce bonheur même dès cette vie;
Le Sauveur, en fixant parmi nous son séjour,
S'est fait notre aliment sous une blanche hostie:
Pouvait-il de son *Cœur* nous montrer mieux l'amour!...
Mais Tu viens de ma Mère, ô sainte Eucharistie,
Trésor de notre exil, source du vrai bonheur!...
O gloire d'Israel, douce et tendre Marie,
Nous pouvons Te nommer: *Vierge du Sacré-Cœur.*

N° 40.

Le parterre de Notre-Dame du S.-C.

1.

Venez, dignes enfants de l'auguste MARIE,
Vous qui cherchez partout son image chérie
Et la trouvez avec bonheur;
Venez interroger les fleurs de ce parterre,
Symboles ravissants de votre aimable Mère
Notre-Dame du Sacré-Cœur.

2.

Je retrouve, il est vrai, dans toute la nature,
Sur terre et dans les cieux, son image si pure
Et son ineffable splendeur;
Mais dans la fleur, surtout j'aime à trouver l'emblème
Qui me redit le mieux cette beauté suprême
De la Vierge du Sacré-Cœur.

3.

Au pied de votre autel je dépose, ô ma Mère !
Ce bouquet recueilli dans l'enclos solitaire
D'un asile du Sacré Cœur
Chaque fleur a germé dans ce Cœur que j'adore ;
Chaque fleur en mon nom vous prie et vous implore ;
Puissante Mère du Sauveur !

4.

Puissions-nous Vous aimer, ô Mère tout aimable !
Et Vous rendre notre âme à jamais agréable
Comme l'arôme de la fleur !
Puissions-nous, fleurissant chacune solitaire,
Ensemble orner un jour votre éternel parterre,
Notre-Dame du Sacré-Cœur !

N° 41.

SON NOM !

REFRAIN.

Chacun aujourd'hui proclame
Notre-Dame
La Vierge du Sacré-Cœur ;
Et quel nom pourrait mieux dire
Son empire
Et lui faire plus d'honneur ?

1.

Ce beau Nom, pour le redire,
Toute lyre
A retrouvé des accents,

Empruntant à la nature
Riche et pure
Des symboles ravissants.

2.

Le cœur qu'oppresse le doute
Cherche, écoute :
Ce Nom bientôt retentit:
De quel rayon salutaire
Il éclaire
Les ténèbres de l'esprit!

3.

Dans le deuil, dans la tristesse,
La détresse,
Mère on a recours à Toi :
Ton Nom vaut une victoire ;
Sa mémoire
Rend la force avec la foi.

4.

Fais, pour la sainte Patrie,
O MARIE !
Grandir en nous les vertus.
Et prête à notre espérance
L'assistance,
Du Cœur Sacré de JÉSUS.

N° 42

Notre-Dame du Sacré-Cœur.

1.

Depuis le jour heureux où le Nom de Marie
Des Cieux fut apporté par l'Ange Gabriel,
Que d'autres noms encor cette Vierge bénie,
D'âge en âge, a reçus de la terre et du Ciel !
Les siècles ont redit le nom de Notre-Dame :
Mais notre siècle y joint un nom plein de douceur ;
J'écoute avec amour cette voix qui proclame
Notre-Dame du Sacré-Cœur.

2.

Nom cher aux cœurs chrétiens, aux enfants de Marie !
Qui suis-je pour oser le redire à mon tour ?
Ah ! puissé-je du moins, à défaut de génie,
Te consacrer des chants inspirés par l'amour !
Mère, pardonne-moi si je l'ose entreprendre,
Ma voix à Te chanter ressent un vrai bonheur.
Aux plus lointains échos je voudrais faire entendre :
Notre-Dame du Sacré-Cœur.

3.

Sainte inspiration ! bien des cœurs l'ont comprise ;
Jusque dans les conseils des Pontifes pieux,
Que *l'Esprit-Saint* plaça pour gouverner l'Eglise ;
Ce doux nom fut goûté, fut approuvé par eux.
Tu l'as compris surtout, ô Pontife suprême !
Par qui déja Marie a reçu tant d'honneur :
Tu permets d'invoquer, tu proclames toi-même
Notre-Dame du Sacré-Cœur.

4.

Mais que faut-il de plus, ô puissante MARIE!
Le Ciel même se plaît à confirmer ce Nom,
Vierge du Sacré-Cœur, partout où l'on Te prie
On ressent mille effets de ta protection
De loin comme de près, que d'actions de grâces
Proclament ton pouvoir auprès du Dieu Sauveur!
Partout on reconnaît à ses heureuses traces
Notre-Dame du Sacré-Cœur.

5.

Et ce nom Te suivra dans la gloire immortelle.
Oui, surtout au grand jour des révélations,
Tout œil reconnaîtra la puissance de Celle
Par qui le divin Cœur nous dispense ses dons.
Et des millions de voix dans un concert immense,
De la terre et des cieux ne formant qu'un seul chœur.
Rediront à jamais ton pouvoir, ta clémence,
Notre-Dame du Sacré Cœur.

CANTIQUES POUR LES DIFFÉRENTS TEMPS DE L'ANNÉE

N° 43.

N.-D. du S.-C., Reine des Prophètes.

Air: *Enfants, à l'autel de Marie*

REFRAIN.

Dès votre jeune âge, ô MARIE!
Vierge du Sacré Cœur,
Votre voix puissante, qui prie,
Attire le Sauveur (*bis.*)

1.

De la loi du Seigneur, vous faites votre étude,
Et l'Esprit Saint lui-même est votre précepteur.
Le Fils de Dieu déjà dans votre solitude,
Vous parle et vous dispose à posséder son Cœur.

2.

Vous ignorez pourtant, trop humble que vons êtes,
La part que vous avez dans ses divins décrets;
Vous n'en n'êtes pas moins la Reine des Prophètes ;
Bientôt le divin Cœur vous dira ses secrets.

3.

La Tige de Jessé, que contemple Isaie,
Et dont il voit surgir une divine fleur,
Vous n'oseriez penser que c'est vous, ô MARIE!
Dont le Cœur doit fournir le sang du Rédempteur.

4.

N'êtes-vous pas la Vierge en tous lieux attendue,
De laquelle bientôt naîtra l'Emmanuel?
Ou cette femme encor que Jérémie a vue,
Renfermant l'Homme-Dieu, pour nous venu du Ciel?

5.

N'est-ce pas vous, enfin, que l'Apôtre-Prophète
Montre comme un grand signe apparu dans les Cieux?
Le soleil vous revêt; vous portez sur la tête,
Pour emblême royal, douze astres radieux.

6.

Et David, votre aïeul, annonçant le Messie,
Vous voit comme une Reine à côté du Seigneur.
Ces oracles divins, présageaient, ô MARIE,
Votre futur pouvoir auprès du divin Cœur.

N° 44.

Notre-Dame du Sacré-Cœur.

IMMACULÉE DANS SA CONCEPTION.

Air · *Je suis la bergère fidèle.*

1.

MARIE, ô Vierge immaculée,
Qui nous annoncez le Sauveur :
Bientôt Vous serez appelée
Notre-Dame du Sacré-Cœur.
Une mère rebelle
Et cruelle
Nous a voués tous à la mort :
Vierge pure et fidèle,
Venez changer notre sort.

REFRAIN

Salut, douce aurore,
Annonçant le Sauveur ;
Par Vous la terre implore
Les bienfaits du divin Cœur.

2.

L'affreux serpent, dès l'origine,
Infecta tout le genre humain ;
Mais vous seule, ô Vierge divine !
Échappez à son noir venin,
Jamais nulle souillure,
Vierge pure,
Ne put Vous atteindre un instant ;
Par Vous notre nature
Échappe au joug de Satan.

3.

Avec quel œil de complaisance,
Dès lors, DIEU vers Vous s'inclina !
Quelle incomparable puissance
Le divin Cœur vous destina !
Déjà quelle victoire !
Quelle gloire !
Par Vous le serpent terrassé
Frémit et ne peut croire
Qu'enfin son règne a cessé.

4.

L'antique serpent, ô MARIE !
Toujours se dresse contre nous :
De son indomptable furie
Nul ne peut nous sauver que Vous,
De sa cruelle atteinte,
Vierge sainte,
Gardez les cœurs de vos enfants ;
Vers l'éternelle enceinte
Conduisez-nous triomphants.

N° 45

La Maison de Notre-Dame du Sacré-Cœur.

Air : *La neige a disparu.*

1.

Salut, humble demeure où la Vierge MARIE
De la céleste Cour reçut l'ambassadeur !
Par sa ferveur, sa foi, sa douce modestie,
Déjà du Roi des rois (Elle a gagné le Cœur. (*bis*)

2.

D'un éclat merveilleux la maison s'illumine :
Mais le respect saisit l'Envoyé du Seigneur
Tout Archange qu'il est, devant Elle il s'incline,
La saluant déjà Vierge du Sacré-Cœur.

3.

Et la Vierge se trouble à l'étrange nouvelle :
Que le Fils du Très-Haut, le Verbe du Seigneur,
Veut son consentement pour s'incarner en Elle
Et pour lui confier les trésors de son Cœur.

4.

« Ne craignez rien, MARIE, en ce joyeux mystère,
Dont l'Esprit-Saint en vous sera l'unique auteur,
Le Très-Haut couvrira d'une ombre salutaire
Votre Cœur, qui reçoit tout pouvoir sur son Cœur. »

5.

L'heureux *fiat* alors est prononcé par Elle.
Dès qu'Elle a dit : « Je suis servante du Seigneur, »
Le Verbe s'est fait chair, et la Vierge fidèle
Est désormais sa Mère et peut tout sur son Cœur.

N° 46.

Notre-Dame du Sacré-Cœur à Bethléem.

Air : *Adorable mystère.*

REFRAIN.

A minuit, doux mystère!
Vierge du Sacré Cœur,
Votre Fils naît sur terre;
Qu'il naisse dans mon cœur.

1.

Annoncé par les Anges
Aux pâtres de ce lieu,
Cet Enfant sous ses langes
Cache le Cœur d'un Dieu.
Mère, soyez bénie!
Ce Dieu qui naît de Vous,
A votre Cœur confie
Tout son amour pour nous.

2.

Oui, ma puissante Mère!
Votre Fils au berceau
Sur son Cœur Vous confère
Un pouvoir tout nouveau.
Son amour Vous couronne;
Il vivra sous vos lois;
C'est par Vous qu'Il se donne
Aux bergers comme aux rois.

3.

Mais dans quelle detresse
Il naît, ce doux Sauveur!
Combien votre tendresse
Souffre de sa douleur!
C'est par cette souffrance
Qu'il faut, dès aujourd'hui,
Conquérir la puissance
Qu'Il vous donne sur Lui.

4.

Il va croître, ô MARIE!
Ce Fils de votre amour;
Il entre dans la vie
Pour souffrir chaque jour.

Dans cet Enfant sublime,
Bercé sur vos genoux,
Vous voyez la victime
Qui s'offrira pour nous.

5.

Qu'avec Lui, bonne Mère,
Grandissent vos enfants,
Sur Lui votre prière
A des charmes puissants.
Gardez notre innocence;
Faites croître en ferveur
Les fruits de la naissance
Qu'Il prend dans notre cœur.

N° 47.

Prière des Enfants à Notre-Dame du Sacré-Cœur.

Air tiré *des Chants à Marie*, IIIe partie

1.

Notre-Dame du Sacré-Cœur,
Qui de JÉSUS nourris l'enfance,
Donne-Le nous pour protecteur
Dans l'âge heureux de l'innocence.

2.

Notre-Dame du Sacré-Cœur,
N'es-tu pas aussi notre Mère?
C'est à Toi d'offrir notre cœur
A l'Enfant JÉSUS, notre frere.

3

Notre-Dame du Sacre-Cœur,
Toi dont l'âme fut toujours pure,
Dans l'âge heureux de la candeur,
Garde-nous de toute souillure.

4.

Notre-Dame du Sacre-Cœur,
Satan veut perdre notre enfance,
Contre les traits du séducteur
Viens protéger notre innocence.

5

Notre-Dame du Sacré-Cœur,
Nous espérons, sous ta bannière,
Courir toujours d'un pas vainqueur
Jusqu'au terme de la carrière.

6.

Notre-Dame du Sacre-Cœur,
Notre Mére et notre Patronne,
Rends-nous purs, doux, humbles de cœur;
Garde-nous bien notre couronne.

N° 48.

La Purification de Notre-Dame du Sacré-Cœur.

Air *Elle est ma Mère.*

1.

Heureuse Mère!
Notre-Dame du Sacré-Cœur,
Vous avez réjoui la terre
En lui donnant le Dieu sauveur
Pourquoi, dans ce joyeux mystère,
Faut il entrevoir la douleur
MARIE, ô tendre Mère ?

2.

Heureuse Mère!
Notre-Dame du Sacré-Cœur,
Quoique toujours à Dieu si chère
Et toujours belle de candeur,
Vous venez, comme une autre mère,
Accomplir la loi du Seigneur,
Marie, ô tendre Mère!

3.

Heureuse Mère!
Notre-Dame du Sacré Cœur,
Deux vieillards chantent le mystère,
Des triomphes du Rédempteur :

Joyeux ils vont quitter la terre,
Et Vous laissent dans la douleur,
Marie, ô tendre Mère!

4.

Heureuse Mère!
Notre-Dame du Sacré-Cœur,
Votre Fils sera la lumière,
Le salut du monde pécheur.
Mais déjà du lointain Calvaire,
Le glaive perce votre cœur,
Marie, ô tendre Mère!

5.

Heureuse Mère!
Notre Dame du Sacré-Cœur,
Comptez les élus que la terre
Doit par Vous donner au Seigneur,
Mais de quelle douleur amère
Faudra-t-il payer ce bonheur!
Marie, ô tendre Mère!

6.

Heureuse Mère!
Notre-Dame du Sacré-Cœur,
Votre âme s'unit tout entière
Au sacrifice du Sauveur,
Et trouve dans la coupe amère,
La clef des trésors de son Cœur,
Marie, ô tendre Mère!

N° 49.

Le Fiat de Notre-Dame du Sacré-Cœur.

1.

Les ombres de la nuit s'étendaient sur le monde,
Quand Jésus, pour prier, vint à Gethsémani.
Les disciples dormaient ; de sa douleur profonde
Ils ignoraient encor le mystère béni.
Et Jésus redisait sa touchante prière :
« Que votre volonté s'accomplisse, Seigneur ! »
Et ses larmes coulaient en pensant à sa Mère,
Notre-Dame du Sacré-Cœur.

2.

Un sinistre murmure agite le feuillage :
Tout semble partager sa désolation.
L'astre des nuits, qui brille à travers le nuage,
Au front du Dieu martyr darde un pâle rayon.
Et Jésus, sous le poids de sa tristesse amère,
D'un œil moins abattu reçoit cette lueur :
Car dans cet astre il voit l'image de sa Mère,
Notre-Dame du Sacré-Cœur.

3.

Où donc est votre Mère, ô Soleil de Justice ?
Pourquoi s'éclipse-t-elle en ce fatal moment ?
Que ne vient-elle au moins adoucir le calice
Dont l'affreuse amertume est pour Vous un tourment ?
Bientôt nous La verrons près de Vous au Calvaire ;
Ici, Vous portez seul le poids de la douleur ;
Mais un ange du moins remplace votre Mère,
Notre Dame du Sacré-Cœur.

N° 50

N.-D. du S.-C. pendant la nuit de la Passion

Air *Viens, pecheur, et vois le martyre...*
Ou un autre à volonté.

1.

JÉSUS vient d'enrichir la terre
De tous les trésors de son Cœur,
Il s'est fait, dans un doux mystère,
Le Pain de l'homme voyageur.
Avec quelle douleur extrême
Notre-Dame du Sacré-Cœur
Voit Judas en ce moment même
Sortir pour livrer son Sauveur!

REFRAIN (*à volonté*)

O MARIE! ô Mère affligée!
Notre-Dame du Sacré-Cœur,
Puissiez-vous être soulagée
Par notre amour, notre douleur!

2.

Votre Cœur suit avec tendresse
JÉSUS jusqu'au fatal jardin,
Et de sa mortelle tristesse
Reçoit le contre-coup soudain

3.

De ses disciples infidèles
Votre cœur ressent l'abandon,
Vous tremblez quand des mains cruelles
L'entraînent aux eaux de Cedron

4.

Vous frémissez quand le Grand Prêtre
Condamne à mort le doux Sauveur;
Quand Pierre méconnait son Maître,
Vous obtenez grâce au pécheur.

5.

O nuit, pour votre Cœur de mère,
Plus affreuse que le trépas!
JESUS la passe tout entière
Aux mains des barbares soldats.

6.

Mais dès la nuit même (1), ô MARIE!
Où de Vous naquit le Sauveur,
Votre Cœur l'avait pressentie,
Cette longue nuit de douleur.

7.

Comme Lui, de l'amer calice
Vous acceptez toute l'horreur,
Et, pour partager son supplice,
Vous suivez les pas du Sauveur

(1) *Chantez*: Mais dès la nuit même, ô MARIE!

— —— —

N° 51.

Notre-Dame du Sacré-Cœur au Calvaire

Air : *L'ombre s'étend sur la terre.*

1

JÉSUS montait au Calvaire,
Sous le fardeau de sa croix ;
Son inconsolable Mère
Le voit tomber sous ce bois.

REFRAIN.

Pecheur, viens au Calvaire
Contempler la douleur,
La douleur de ta Mère,
Notre Dame du Sacre Cœur.

2.

Approchez vous, tendre Mère,
Baisez encore une fois
De JÉSUS la main si chère
Qu'on va clouer sur la croix

3.

Enfin, la croix est dressée :
JÉSUS, est la tout sanglant,
Ah ! pour votre âme oppressée,
Quel spectacle désolant !

4

Dans ce excès de souffrance.
JÉSUS, du haut de sa croix,
Relève notre espérance ;
Ecoutons sa douce voix

5.

« Voilà, dit-il, votre Mère !
Femme, voilà votre enfant.
Avant de quitter la terre,
Mon Cœur Vous fait ce présent. »

6.

Le mystère de souffrance,
Mère, est enfin consommé ;
Voyez ouvrir par la lance,
Le Cœur de ce fils aimé,

7.

Contemplez donc, ô MARIE !
Ce Cœur transpercé pour nous :
C'est la source de la vie ;
Daignez nous l'ouvrir à tous.

N° 52.

Elle devient notre Mère au pied de la Croix.

1.

Près de la Croix, sur le Calvaire,
Une Vierge Mère pleurait !
Que sa tristesse était amère !
Son Fils, son tendre Fils mourait !

REFRAIN

Prions, que la sainte Espérance
Nous ranime dans la douleur.
Implorons avec confiance
Notre-Dame du Sacré-Cœur.

2.

JÉSUS, sur sa mère éplorée,
Abaissant ses yeux attendris
Lui dit d'une voix altérée :
« O Femme ! voilà votre Fils !

3.

Regardant Saint Jean, notre frère,
Avec amour dans sa douleur,
JÉSUS lui dit : « Voilà ta mère !
C'est le dernier don de mon Cœur. »

4.

JÉSUS, en nous donnant pour Mère
Celle qui peut tout sur son Cœur,
A la douleur la plus amère
Offre un baume consolateur.

5.

Quand JÉSUS, dans l'Eucharistie,
Vient nous apporter le bonheur,
Offrons-nous a Lui par MARIE.
Qui peut tout sur son divin Cœur.

6

Surtout a notre heure dernière,
Songeant a la mort du Sauveur ;
Souvenons-nous de notre Mère,
Notre Dame du Sacré-Cœur.

N° 53.

L'Ave Maria de N.-D. du Sacré-Cœur.

1.

Salut, Vierge MARIE,
La grâce du Seigneur,
Dont Vous êtes remplie,
Embaume votre Cœur.

REFRAIN.

Oui, le Dieu Sauveur
A son divin Cœur
Vous tient toujours unie.
Filles d'Israël,
L'envoyé du Ciel
A proclamé MARIE
Entre toutes bénie.
Oh! quel bonheur!
Le divin Cœur
La remplit de sa faveur.

2.

Béni soit, ô MARIE,
JESUS le Dieu Sauveur!
Vous Lui donnez la vie
Il Vous donne son Cœur.

3.

Sainte Vierge MARIE,
Mère du Rédempteur,
A l'âme qui vous prie
Ouvrez son divin Cœur.

4.

Priez toujours, MARIE,
Pour le pauvre pécheur ;
Qu'il achève sa vie
Dans la paix du Seigneur.

N° 54.

Notre-Dame du Sacré-Cœur.

AU JOUR DE LA RÉSURRECTION.

AIR : *Poussons des cris de victoire.*

1.

C'en est fait, séchez vos larmes.
O Vierge du Sacré-Cœur !
Voici JÉSUS, plein de charmes,
Qui se lève, heureux vainqueur.
Voyez-Le brillant de gloire,
Pour les maux qu'il essuya ;
Recevez de sa victoire
Le premier *Alleluia*

2.

Il vole à vous dès l'aurore
De ce jour qu'Il fit si beau
Nul autre ne sait encore
Qu'il est sorti du tombeau ;
Ah ! votre Cœur, ô MARIE !
En Le voyant s'écria :
Mon JÉSUS est plein de vie,
Cieux et terre, *Alleluia !*

3.

Votre Cœur, sur le Calvaire,
A conquis dans la douleur,
Le Nom doux et salutaire
De Vierge du Sacré Cœur.
Dans sa carrière mortelle,
Il se soumit à vos lois;
Dans cette splendeur nouvelle,
Méconnaîtra t-il vos droits?

4.

Votre JÉSUS, de la terre
Reprend l'empire en ce jour :
Sur son Cœur, puissante Mère,
Régnez encor par l'amour.
Ce règne est impérissable :
Jamais le Cœur de JÉSUS
A sa mère tout aimable
N'opposerait un refus.

5.

Que votre pouvoir, MARIE,
Éclate en notre faveur :
Communiquez-nous la vie
Qui coule du divin Cœur.
Les Anges à sa naissance,
Ont chanté le *Gloria*!
Mais sur sa tombe commence
l'éternel *Alleluia*.

N° 55.

Notre-Dame du Sacré-Cœur.

AU JOUR DE L'ASCENSION

AIR : *Partez, hérauts de la bonne nouvelle.*

1

Partez, JÉSUS! remontez vers la gloire,
D'où votre amour Vous exila pour nous.
Il est venu, le jour de la victoire;
Plus de combats, plus de douleurs pour Vous.
Montez, montez jusqu'au trône du Père,
Asseyez-vous à sa droite, en vainqueur ;
Mais consolez ici-bas votre Mère,
Notre-Dame du Sacré-Cœur.

REFRAIN.

Dans votre exil, consolez-vous, MARIE ;
JÉSUS vous laisse un gage de bonheur,
Il vous donne, Mère chérie,
Tout pouvoir sur son Cœur.

2.

Ah! qu'ils sont beaux, les éternels portiques
De ce palais qu'habite le grand Roi!
Ah! qu'ils sont beaux, les trônes magnifiques
Que son amour promet à notre foi!
Surtout, quel trône est dressé pour Marie,
Qui partagea les travaux du Sauveur!
Oh! qu'ils sont longs les jours de cette vie,
Pour la Vierge du Sacré-Cœur!

3.

Combien de temps, plaintive tourterelle,
Devra la terre entendre votre voix ?
Combien de temps, ô colombe fidèle,
Gémirez-vous, seule, au pied de la croix ?
Quoi ! de Jésus n'êtes-vous plus la Mere,
Depuis qu'au Ciel Il est monté vainqueur ?
Oui, mais Il veut par Vous, sur notre terre,
Verser les trésors de son Cœur.

4.

Restez-nous donc, ô divine Marie ?
Que l'Esprit-Saint, appelé par vos vœux,
Verse à grands flots la lumière et la vie
Sur l'univers, embrasé de ses feux.
L'heureux progrès de l'Église naissante,
En consolant votre immense douleur,
Va dire au loin quelle action puissante
Jésus Vous donne sur son Cœur.

5.

Oui, de ce Cœur seule dépositaire,
Vous lui restez unie à tout jamais ;
Versez toujours ses trésors sur la terre :
Il veut par Vous nous combler de bienfaits.
Et lorsque enfin par l'amour consumée,
Vous rejoindrez le céleste Vainqueur,
Par tous les Cieux vous serez acclamée
Notre-Dame du Sacré-Cœur.

N° 56.

Notre-Dame du Sacré-Cœur

AU JOUR DE LA PENTECOTE.

Air *Salut, ô Vierge immaculée.*

1.

Salut, incomparable Mère,
Notre Dame du Sacré Cœur !
Par Vous aujourd'hui sur la terre,
Se répand l'Esprit du Seigneur.
Il voit en Vous son Epouse fidèle ;
Votre Cœur pur répond à son amour.
Soyez encore ici notre modèle ;
Apprenez-nous à fêter ce grand jour.

2.

C'est à votre ardente prière,
Notre Dame du Sacré-Cœur,
Qu'aujourd'hui l'Esprit de lumière
Se communique avec ardeur.
Vous l'appelez sur l'Eglise naissante ;
Il vient par Vous la combler de ses dons,
Et c'est toujours à votre voix puissante
Qu'Il verse en nous ses bienfaisants rayons

3.

Il vient dans ce même cenacle,
Où Jésus tira de son Cœur
Le plus ineffable miracle
Qu'ait produit son amour vainqueur.
Vous pouvez tout sur ce Cœur, ô MARIE.
Sur Vous d'abord descend l'Esprit d'amour.
Ah ! que ce feu, dont Vous êtes remplie,
Brûle nos cœurs désormais sans retour.

4.

Oh ! de cette grâce nouvelle,
Notre-Dame du Sacré-Cœur,
Que notre cœur, toujours fidèle,
Conserve par Vous la ferveur ;
Gardez en nous toujours l'Esprit de vie,
Que votre Cœur puise au Cœur de JESUS !
Ah ! puissions-nous avec Vous, ô MARIE,
Le posséder au séjour des Elus !

N° 57

Adieux au Mois de Notre-Dame du Sacré-Cœur.

1.

Au moment où le mois de notre aimable Mère
S'éteint parmi les chants, les parfums et les fleurs,
Un mélange de joie et de tristesse amère
De ses enfants saisit les cœurs

2.

Nous ne viendrons donc plus chaque soir, ô MARIE !
T'adresser notre hommage et prier à tes pieds
Ces jours si beaux, si chers à notre âme ravie,
Vont s'enfuir trop tôt oubliés!

3.

Mais non, ce dernier jour est la brillante aurore
D'un mois tout parfumé de grâce et de douceur ;
Ton mois ne finit point pour l'âme qui T'honore
Comme Vierge du Sacré-Cœur.

4.

C'est Toi qui de ce Cœur vas nous ouvrir l'entrée,
Il a mis en tes mains la clef de ses trésors,
Daigne avec Lui sourire, ô Mère vénérée,
A nos vifs et pieux transports.

5.

Venez donc, entourons le trône de Marie;
Déposons à ses pieds nos vœux avec nos cœurs,
Faisons monter l'encens et les flots d'harmonie
Avec le doux parfum des fleurs.

6.

O Mère! en effeuillant ces fleurs fraîches écloses,
Nous attendons de Toi quelques fleurs de vertus,
Fais croître dans nos cœurs et les lys et les roses,
Pour le mois du Cœur de JÉSUS.

N° 58

Notre-Dame du Sacré-Cœur

Et sa cousine Elisabeth.

Air: *Tout s'anime dans la nature.*

1.

Aussitôt que le doux mystère,
O Marie! en Vous s'est produit,
Vous, jusque là si solitaire,
Vous quittez votre humble réduit

D'où vous vient cette ardeur nouvelle,
Cet enthousiasme vainqueur?
On reconnaît à ce saint zèle
Notre-Dame du Sacré-Cœur.

2.

Le désert, les vastes campagnes,
Les bois ne Vous arrêtent pas;
Les collines et les montagnes
Semblent s'incliner sous Vos pas:
Craignant de voir et d'être vue.
Vous n'écoutez que votre ardeur;
L'Ange Vous guide et Vous salue
Notre Dame du Sacré Cœur.

3.

Le Verbe pour se faire entendre,
De votre voix se veut servir;
Vous-même brûlez de répandre
Le feu qui vient de Vous remplir.
Votre voix, pleine de tendresse,
Fait tressaillir le Précurseur,
Il salue avec allégresse
Notre-Dame du Sacré-Cœur.

4

Oui, c'est à la voix de MARIE,
Elisabeth, que votre enfant,
Avant de paraître à la vie,
Sent le Verbe en Elle présent.
Par Elle, vous-même animée
De l'Esprit sanctificateur,
Vous L'avez déjà saluée
Notre-Dame du Sacré-Cœur.

5.

Pendant qu'on exalte, ô MARIE !
Votre foi, votre dignité,
L'hommage qui Vous humilie
Par Vous au ciel est remonté.
Quelle beau chant de reconnaissance !
Quelle accent de celeste ardeur
De votré Cœur brûlant s'élance,
Notre-Dame du Sacré Cœur !

N° 59

Le Magnificat de Notre-Dame du Sacré-Cœur.

AIR : O *Cœur de mon Jesus ! mon âme te désire*

1.

C'est Toi seul, ô JÉSUS ! que ma voix glorifie.
Mon Cœur tressaille en Toi, mon Fils et mon Sauveur.
Puis-je assez m'étonner d'avoir été remplie
Des trésors de ton Cœur ? (*bis.*)

REFRAIN

Douce MARIE,
Vierge du Sacré-Cœur
Je T'en supplie,
Obtiens-moi sa faveur } *bis.*

2

Le Seigneur a daigné regarder sa servante,
Et tous les siècles vont proclamer mon bonheur.
Il incline vers moi sa main toute puissante
Et me donne son Cœur. (*bis.*)

3.

A son Nom trois fois saint rendez un juste hommage,
O générations qui craignez le Seigneur !
Proclamez les bienfaits qui sur vous d'âge en âge,
Découlent de son Cœur. (*bis.*)

4

Il a fait de son bras éclater la puissance ;
Il a des orgueilleux renversé la hauteur,
Réservant les trésors de sa munificence
Pour les humbles de cœur. (*bis.*)

5.

Sur le pauvre affamé répandant ses largesses,
Abandonnant le riche à sa vaine grandeur,
Par mes mains sur le monde Il verse les richesses
Que renferme son Cœur. (*bis*)

6.

Il nous donne les biens qu'Il promit à nos pères ;
S'Il prend soin d'Israël, son premier serviteur,
Toutes les nations par moi sont héritières
Des trésors de son Cœur. (*bis.*)

N° 60.

L'Assomption de Notre-Dame du S.-C.

Air : *Prévenons les feux de l'aurore*

1.

JÉSUS avait quitté la terre,
Et de son trône glorieux
Il invitait sa tendre Mère
A Le rejoindre dans les Cieux :
« Il en est temps, Mère chérie,
Entrez au séjour du bonheur,
Le Ciel vous attend, ô MARIE!
Régnez par l'amour sur mon Cœur.

2.

A ces mots, l'âme de MARIE
S'exhale en un soupir d'amour;
Puis, le corps qu'Elle glorifie
La suit dès le troisième jour.
Accourez, célestes phalanges,
Entendez le divin Sauveur
Proclamer la Reine des Anges
Notre-Dame du Sacré Cœur.

3.

« Venez prendre place, ô ma Mère,
A ma droite, au plus haut des Cieux,
Oubliez la tristesse amère,
Séchez les larmes de vos yeux.
Après l'hiver de la souffrance,
Luit enfin le jour du bonheur;
Le printemps éternel commence
Pour Vous qui possédez mon Cœur.

4

« Des que je Vous choisis pour Mere,
Mon Cœur au vôtre fut soumis.
A Joseph, comme a Vous sur terre.
Durant six lustres j obéis.
Au Calvaire, où j'offris ma vie,
Vous partageâtes ma douleur,
Soyez pour jamais, ô Marie !
La trésorière de mon Cœur.

5.

Et les Anges, à cette vue,
Entonnent un nouveau concert :
« Quelle est cette vierge inconnue
Qui s'élève ainsi du desert ?
L'eclat de la naissante aurore,
Le soleil même en sa splendeur,
N'offrent qu'une ombre faible encore
De la Vierge du Sacré-Cœur. »

6.

MARIE ! incomparable Mère !
JÉSUS, le Sauveur des humains,
De son Cœur vous fait tresorière
Pour nous enrichir par vos mains.
Vous avez connu la souffrance,
Et toute âme dans la douleur
Vous invoque avec assurance,
Notre Dame du Sacré-Cœur.

N° 61

Notre Dame du Sacré-Cœur.

DANS LA CITÉ DU CIEL.

DUO.

Brillante fleur du céleste parterre,
Entrouvrez-nous le séjour du bonheur ;
Versez toujours vos parfums sur la terre.
Puisez pour nous aux sources du Sauveur.

CHOEUR

Admirable MARIE !
Du divin Cœur bénie,
Que voyez-vous ?
Répondez-nous,
Que voyez-vous ?

SOLO

Je vois fleurir une Tige sacrée,
Que tout le Ciel comtemple avec bonheur
JESUS y verse une douce rosée
Qu'Il fait jaillir des trésors de son cœur.

CHOEUR

Cité du Ciel, où JÉSUS, par MARIE,
Ouvre son Cœur à l'âme qui la prie !
Douce Marie,
Vierge du Sacré Cœur,
Donnez nous le bonheur
Dans la patrie.

DUO

Mère admirable ! oh ! daignez nous instruire ;
Votre parole est un charme vainqueur,
L'esprit d'amour Vous remplit, Vous inspire,
JESUS vous dit les secrets de son Cœur !

SOLO

J'entends l'écho de la sainte Patrie.
Vous proclamer Vierge du Sacré-Cœur
Le monde entier mêle a cette harmonie
Ses chants d'amour, de gloire et de bonheur

N° 62

La Nativité de Notre-Dame du S.-C.

Air *Du haut des cieux, Vierge Marie*

1.

Que ton berceau, Vierge Marie,
A de charmes pour tes enfants !
Salut, Fille aimable et chérie !
Que tes attraits sont ravissants !

REFRAIN.

Que ton heureuse naissance
Nous donne d'espérance !
Tu nous promets le Sauveur
Et tu nous ouvres d'avance
Son divin Cœur.

2.

Ton Cœur qui tient si peu de place
Dans ce corps à peine formé,
Nous garde en cet etroit espace
Un riche tresor enfermé.

3.

De la grâce et de la nature
Tous les dons sont unis en Toi
Et déjà ton âme si pure
A conquis le Cœur du grand Roi.

4.

Son divin regard Te comtemple,
Enfant chérie, avec bonheur;
Car bientôt Tu seras son temple
Et Tu régneras sur son Cœur.

5.

Accourez, célestes phalanges;
Sur ce berceau chantez en chœur,
Et reconnaissez dans ces langes
Notre Dame du Sacre-Cœur.

N° 63.

Notre-Dame du S.-C. modèle de l'Enfance.

Air: *C'est à l'ombre du sanctuaire*

1.

Chers enfants, contemplez Marie,
A peine après trois ans de vie,
Brûlant d'une précoce ardeur
De se donner toute au Seigneur.

REFRAIN.

Pour conserver votre innocence,
Pour garantir vos Cœurs de toute offense,
Heureux enfants, priez avec ferveur,
Priez avec ferveur
Notre-Dame du Sacré Cœur.

2.

Jusque-la, soumise a sa mère
'Et comblant les vœux de son père,
MARIE était par sa douceur,
De ses parents le seul bonheur.

3.

Aussitôt que son Dieu L'appelle,
A sa voix Elle accourt fidele,
Et mûre dès ses tendres ans,
S'arrache aux bras de ses parents.

4.

Qui dira combien cette offrande
Aux yeux du divin Roi fut grande!
Combien cette aimable candeur
Vers MARIE inclina son Cœur!

5.

Dès l'aurore de votre vie,
Dieu Vous formait ainsi, MARIE;
Pour Vous déja le Rédempteur
Ouvrait les trésors de son Cœur.

N° 64.

A la bienheureuse Marguerite-Marie

1.

Marguerite est le nom de cette fleur bénie,
Admirable d'éclat, de grâce et de blancheur;
Rivale du lis pur, dès l'aube de la vie,
Grandissant pour JESUS, elle ravit son Cœur

2.

Unissant les deux noms d'amante et de victime,
Rien ne sait la charmer que le celeste Epoux:
Elle est du Dieu d'amour la confidente intime,
Il lui faut comme a Lui le Calvaire et les clous

3.

Tout autre bien pour elle est un amer supplice,
Et vivre sans souffrir lui paraît une mort,
Mais le Cœur de Jésus bénit le sacrifice,
Il donne à Marguerite un amour doux et fort.

4

Jésus-Christ va couvrir sa servante de gloire
Il veut que l'univers, en adorant son Cœur,
Afin d'éterniser a jamais sa memoire,
Exalte Marguerite et la comble d'honneur.

A. M. S. C. J. G

TABLE DES CANTIQUES

TABLE PAR ORDRE ALPHABÉTIQUE

ORDRE DES CANTIQUES

POUR LES DIFFÉRENTS TEMPS DE L'ANNÉE

A. M. S. C. J. G.

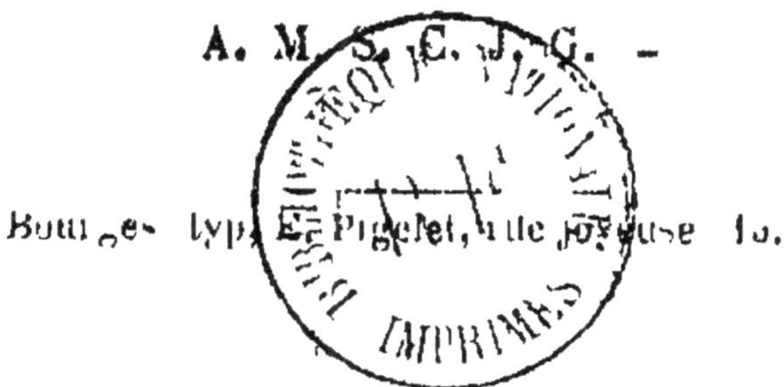

Bourges typ. E. Pigelet, rue Joyeuse 15.

www.ingramcontent.com/pod-product-compliance
Lightning Source LLC
LaVergne TN
LVHW020344230826
846091LV00003B/978